PHONOLOGIE ANGLAISE

OU LA

PRONONCIATION RENDUE FACILE

A L'USAGE DES FRANÇAIS

D'APRÈS LES MEILLEURS AUTEURS ANGLAIS

PAR F^RE E.

Ancien professeur de langues
aux Collèges Sainte-Marie d'Oscott et Stella House ; Diplômé B. A ;
et membre honoraire de l'Académie d'Ilminster (Angleterre).
De la Congrégation des Frères de Saint-Gabriel.

SE TROUVE
A LA PROCURE GÉNÉRALE DES FRÈRES DE SAINT-GABRIEL
A SAINT-LAURENT-SUR-SÈVRE (VENDÉE)

1887

PHONOLOGIE ANGLAISE

Carrière, imp. de l'Ecole des Sourds-Muets.

PHONOLOGIE ANGLAISE

OU LA

PRONONCIATION RENDUE FACILE

A L'USAGE DES FRANÇAIS

D'APRÈS LES MEILLEURS AUTEURS ANGLAIS

PAR F[RE] E.

Ancien professeur de langues
aux Collèges Sainte-Marie d'Oscott et Stella House; Diplôme B A;
et membre honoraire de l'Académie d'Ilminster (Angleterre).
De la Congrégation des Frères de Saint-Gabriel.

SE TROUVE
A LA PROCURE GÉNÉRALE DES FRÈRES DE SAINT-GABRIEL
A SAINT-LAURENT-SUR-SÈVRE (VENDÉE)

1887

INTRODUCTION

Le désir d'être utile aux jeunes gens qui étudient l'Anglais, en diminuant les difficultés nombreuses que présente l'étude de cette langue, m'a fait entreprendre la rédaction de ce petit traité de PHONOLOGIE.

De toutes les difficultés qu'ils rencontrent, la plus grande est sans contredit la prononciation.

Jusqu'ici, aucun auteur n'a traité à fond cette question. Graeser est le seul qui, dans son *Cours supérieur*, donne un tableau très clair, il est vrai, mais aussi très incomplet, de la prononciation des lettres anglaises. Il ne fait qu'effleurer la question sans la résoudre.

A mon avis, ce qu'il faut pour un Français, c'est la représentation claire, par un son exact, connu dans sa langue, du même son qu'il doit donner à la lettre ou à la syllabe anglaise qu'il veut prononcer.

Comme dans le mot « ENOUGH », par exemple, qu'il faut prononcer « *ineuf* ».

Comme dans le mot « CHILD », que l'on prononce « *tchaïlde* ».

Un simple signe, ou un accent, comme le donne Graeser, indiquant une syllabe brève ou longue ou un rapport de son avec nos voyelles, ne suffit pas à l'étudiant. Il faut parler d'abord à ses yeux et lui donner une syllabe ou une lettre de notre langue représentant le son qu'il doit émettre en prononçant le mot anglais.

Il faut aussi, par des lectures multipliées, habituer son oreille à ces sons parfois bizarres qu'il devra donner à l'*s*, par exemple, qui a six prononciations différentes, â *tle*, à *ple*, au *th*, etc. Voilà pourquoi j'ai intercalé entre les chapitres des voyelles et ceux des diphtongues et des consonnes quelques exercices de lecture que l'étudiant pourra d'abord traduire et prononcer ensuite en se servant de la méthode.

La prononciation : c'est donc là l'obstacle

contre lequel viennent échouer la plupart des étudiants.

Après cinq ou six mois de leçons, on se décourage, on dit : « C'est trop difficile, je n'arriverai jamais. Je traduis bien, je comprends mes traductions et mes lectures anglaises ; mais quand il s'agit de prononcer, de parler, je ne puis y parvenir. Si on me pose une question en anglais, je ne la comprends pas, une suite de sons inconnus frappent mon oreille et je ne saisis aucun mot qui puisse me mettre au courant de la conversation. »

Ce que vous éprouvez, tous les Français qui, avant vous, ont étudié cette langue, l'ont éprouvé ; ils ont eu, au début, la même difficulté ; et c'est précisément cette difficulté que je viens, non pas supprimer entièrement, mais notablement diminuer par l'emploi du traité de PHONOLOGIE.

Dans ce traité, vous aurez sous les yeux à chaque exemple :

1° Le mot anglais tel qu'il doit être écrit ;

2° Entre parenthèses, sa prononciation exacte

que vous lirez, si vous voulez, comme un mot français ;

3° A côté, sa signification française.

Essayons la méthode et rendons-nous bien compte de l'avantage qu'elle nous présente.

Je suppose que vous soyez aux prises avec les difficultés de prononciation de cette phrase que vous comprenez déjà, que vous traduisez bien ; mais que vous ne pouvez prononcer convenablement :

A great inundation having taken place in the north of Italy, owing to an excessive fall of snow in the Alps, followed by a speedy thaw, the river Adige carried away a bridge near Verona.

Prenons les mots les uns après les autres, recherchons les difficultés qu'ils nous présentent, et faisons usage de notre PHONOLOGIE.

Dans le tableau ci-contre, la colonne n° 1 donne le texte anglais ;

N° 2, la lettre ou la syllabe à consulter et le paragraphe correspondant ;

N° 3, le mot tel qu'il doit être prononcé.

TEXTE — N° 1	PARAGRAPHE A CONSULTER — N° 2	PRONONCIATION — N° 3
A	Voyez 1re lettre alphab. Prononcez *é*.	*é*
grEAt	— diphth. EA, parag. 2e, pron. *ette*.	*grette*
InundATION	— lettre A. La remarque, parag. 3e.	
—	— Terminon ION, parag. 7e pron.	
—	*cheune*.	*inon'décheune*
havING	— Syll. finale, participe présent,	
—	parag. 10e, pron. *in'-gue*.	*havin'-gue*
tAken	— lettre A, parag. 3e, pron. *é*.	*tékenne*
plAce	— id. id. id.	*pléce*
in	— comme en latin.	*in*
THe	— TH doux, parag. 2e, pron *z*.	*zi*
—	— lettre E, alphab., pron. *i*.	
norTH	— TH dur, parag. 1er, pron. *s*.	*norse*
oF	— Consonne F, parag. 2e, pron. *v*.	*ov*
ItalY	— Y finale, parag. 2e, pron. *i* ou *é*.	*Itali*-ou-*é*
oWing	— lettre W, parag. 1er, pron. *ou*.	
—	— finale ING, déjà vue, prononcez	*óouin'-gue*
tO	— Monosyll. O, par. 3e, pron. *ou*.	*tou*
An	— lettre A, déjà vue, pron. *é*.	*enne*
eXcessive	— lettre X. Comme en français,	
—	sauf l'accent qui ne change pas	
—	la prononciation *exes*.	*exsessive*
fAll	— lettre A, parag. 2e, son long,	
—	pron. *â*.	*fâle*
of	— Déjà vu.	*ov*
snOW	— lettre W finale d'un mot. Re-	
—	marque. Alphab. *ó*.	*snó*
in	— Déjà vu.	*in*

TEXTE — N° 1	PARAGRAPHE A CONSULTER — N° 2	PRONONCIATION — N° 3
the	Voyez Déjà vu.	*zi*
Alps	— comme en français, faire son-	
—	ner *s.*	*Alp's*
follOWed	— OW finale. Déjà vu.	
—	— finale ED. Lettre D, parag. 2e,	
—	pron. *ette.*	*folo-ette*
bY	— lettre Y, parag. 3e, com. dipht.,	
—	pron. *ai.*	*baï*
a	— Déjà vu.	*é*
spEEdy	— diphth. EE, pron. *î.* Y finale,	
—	déjà vu.	*spîdé*
THAW	— TH dur. AW même règle que OW.	
—	Remarque : après *Alph.* pron. *â.*	*sâ*
the	— Vu.	*zi*
river	— lettre I, parag. 1er. Finale ER.	
—	Lettre E, parag. 4e, son *eur,*	
—	prononcez	*rîveur*
Adige	— lettre I, parag. 1er. Comme en	
—	français.	*Adige*
carrIED	— verbe *to carry.* Fusion Y avec	
—	finale.	
—	Fin. Verb, part. pass., pron. *ed.*	*cared*
aWay	— lettre W, parag. 1er, pron. *ou.*	*aoué*
a	— Déjà vu.	*é*
briDGe	— consonne G, parag. 3e, pron. *dj.*	*bridje*
nEAr	— dipht. EA, parag. 1er, pron. *î.*	*nîr*
Vérona	Nom propre comme en français.	*Verona*

Prononcez alors la phrase tout entière :

E grette inon'dêcheune havin'gue têkenne plêce in zi norse ov Italé-ou-*i, ôouin'gue tou enne excessive fâle ov snô in zi Alp's, folôette baï ê spîdè sâ, zi riveur Adige caredaoué ê bridje nîr Vérona.*

La difficulté est levée ; un Anglais vous comprendrait. Appliquez cette méthode chaque jour à une ou deux phrases prises dans les exercices de lecture intercalés dans le traité, et dans quelques mois vous aurez fait d'immenses progrès. Votre oreille s'accoutumera petit à petit aux sons que vous devrez donner à chaque syllabe anglaise ; bientôt vous n'aurez plus besoin d'avoir recours au traité et, si vous avez bonne mémoire, vous le saurez bientôt par cœur. En un mot, dans peu de temps vous parlerez anglais.

Pour réunir dans ces quelques pages les règles et les exemples à l'appui de chacune de ces règles, j'ai puisé aux sources les plus certaines ; je ne me suis pas contenté de quinze années d'expériences faites en Angleterre au sein même des meilleures Universités et Académies où se parle l'anglais le plus pur ; j'ai consulté les auteurs les plus compétents : ROBERTSON ,SPIERS, SMITH, NUGENT, SADLER, ELWALL et autres, et je ne me suis point écarté des règles données par ces maîtres.

Je ne doute nullement que ce traité ne soit susceptible d'être perfectionné, et mon désir le plus grand serait qu'en passant par des mains plus habiles, il pût acquérir cet avantage ; il deviendrait alors un des livres les plus utiles à tous ceux qui étudieront la langue anglaise.

NOTA

Ce traité peut être mis entre les mains des jeunes gens au début même de leurs études.

Le maître aura donc soin, avant ou après chaque classe, de consacrer un quart d'heure environ à l'étude de deux ou trois paragraphes de chaque lettre, en commençant par le chapitre des voyelles. Il fera lire et prononcer exactement chaque mot, et, si cela est possible, apprendre par cœur.

En faisant ainsi marcher de pair la traduction et la prononciation d'un ou deux exercices d'un cours élémentaire, soit Ahn ou Graeser, le maître pourra aborder sans crainte les exercices de lecture 1re et 2me série ; et en peu de temps l'étudiant pourra, je crois, prononcer facilement l'anglais.

Le chapitre des consonnes doit surtout être travaillé avec soin, et à chaque classe on reviendra sur la leçon précédemment vue.

La lecture des douze exercices de conversation présentera peu de difficultés si l'élève se rend bien compte de la prononciation des quatre premiers chapitres.

F^re E.

Saint-Laurent-sur-Sèvre (Vendée), le 2 février 1887.

PHONOLOGIE ANGLAISE

L'alphabet anglais se compose de 26 lettres, savoir :

LETTRES	PRONONCEZ	LETTRES	PRONONCEZ
A	ê	N	enn
B	bi	O	ô
C	çi	P	pi
D	di	Q	qiou
E	i	R	ar
F	ef	S	ess
G	dji	T	ti
H	êtche	U	iou
I	aï	V	vi
J	djée	W	deu-be-liou
K	kée	X	ex
L	el	Y	ouaï
M	emm	Z	zed

Les voyelles sont *a, e, i, o, u.*

Les lettres *y* et *w* sont considérées comme voyelles quand elles sont à la fin d'un mot.

Ex. :	**Daily**	*(délé)*	journellement.
	Pretty	*(prété)*	beau.
	Sorrow	*(soró)*	peine.
	Morrow	*(moró)*	demain.

Ces voyelles ont différents sons qu'il est impossible de fixer exactement ; l'usage et le voisinage des consonnes qui les accompagnent devront, la plupart du temps, servir de guide à cet égard.

CHAPITRE PREMIER

DES VOYELLES

LETTRE A.

La lettre *A* a quatre prononciations bien distinctes en anglais. Elle se prononce *a, â, é* et *è*.

1° Cette lettre a le son bref et aigu comme dans le mot français *date*.

Ex. :	**Bad**	*(bade)*	mauvais.
	Mad	*(made)*	fou.
	Lad	*(lade)*	garçon.

ou comme dans le mot français *phare*.

Ex. :	**Far**	*(fare)*	loin.
	Star	*(stare)*	étoile.
	Are	*(are)*	sont.

2° Cette lettre a le son long et ouvert comme dans notre mot *bâton* (entre *a* et *o* français).

Ex. :	**Fall**	*(fâle)*	chute.
	Tall	*(tâle)*	grand.
	Salt	*(salte)*	sel.

Elle a la même prononciation devant *th*. (Voir aux consonnes *th* la prononciation de cette lettre.)

Ex. :	**Bath**	*(bâ-th)*	bain.
	Father	*(fazeur)*	père.

et quand elle est suivie d'un *u* ou d'un *w* dans la même syllabe.

Ex. :	**Caught**	*(kâte)*	pris.
	Saw	*(sâ)*	scie.

3° Cette lettre a le son *é* ou *ê*, comme dans notre mot français *fée*, dans trois cas différents.

1° Quand elle précède une consonne suivie d'un *e* muet.

Ex. :	**Ale**	*(êle)*	bière.
	Ape	*(êpe)*	singe.
	Fate	*(fête)*	destin.

2° Quand cette lettre est suivie des syllabes *ste, the, nge.*

Ex. :	**Haste**	*(hêste)*	hâte.
	Bathe	*(bé-th-e)*	bain.
	Range	*(rên'je)*	ranger.

3° Quand elle termine une syllabe accentuée.

Ex. :	**Paper**	*(pêpeur)*	papier.
	Taper	*(têpeur)*	cierge.

Remarque. — Dans les mots anglais terminés en *ion*, et venant du français, comme admiration, application, le 1er *a* se prononce comme en français et le 2e se prononce *é*.

Ex. :	**Admiration**	*(admirécheune)*	admiration.
	Application	*(applikécheune)*	application.

LETTRE E.

La lettre *E* a aussi quatre prononciations distinctes, elle se prononce *e, i, î,* et *eu.*

1° Cette lettre a le son *e* bref comme dans le mot français *cette,* quand elle est suivie d'une consonne dans la même syllabe.

Ex. :	**Bed**	*(bedde)*	lit.
	Fed	*(fedde)*	nourri.
	Met	*(mette)*	rencontré.
	Net	*(nette)*	réseau, filet.

2° Elle a le son de *i* aigu comme dans le mot *lit.*

Ex. :	**Be**	*(bi)*	être.
	Me	*(mi)*	me ou moi.
	He	*(hi)*	il.

3° Elle a le son de *i* quand elle se trouve à la fin d'une syllabe accentuée, comme,

Ex. :	**Saltpeter**	*(sàltpîteur)*	salpêtre.

ou quand elle précède une consonne suivie d'un *e* muet

Ex. :	**Mete**	*(mîte)*	mesure.
	Scene	*(scîne)*	scène.

4° Cette lettre a le son *eu* comme dans *heurter.*

Ex. :	**Stern**	*(steurne)*	sévère.
	Verse	*(veurse)*	vers.
	Term	*(teurme)*	terme.

LETTRE I.

Cette lettre est considérée comme une diphthongue en anglais ; elle n'a que deux prononciations ; *i* français et *aï*, comme dans le mot français *bail*.

1° Cette lettre se prononce *i* aigu comme en français :

1° Quand elle est suivie d'une consonne autre que *r*.

Ex. :	**Mill**	*(mille)*	moulin.
	Sin	*(sinne)*	péché.

2° Quand elle se trouve dans le corps d'un mot de plusieurs syllabes et que cette syllabe n'est pas accentuée.

Ex. :	**Admiration**	*(admirécheune)*	admiration.
	Jupiter	*(djioupiter)*	Jupiter.

Elle a aussi le son de *i* dans la plupart des mots terminés par *ine, ite, ive* :

Ex. :	**Engine**	*(enn'djine)*	machine.
	Exquisite	*(exs'kouisite)*	exquis.
	Fugitive	*(fioudjitive)*	fugitif.

2° Cette lettre se prononce *aï* quand elle est suivie d'un *e* muet.

Ex. :	**Die**	*(daï)*	mourir.
	Pie	*(paï)*	pâté.

Elle a la même prononciation quand elle précède une consonne suivie d'un *e* muet.

Ex. :	**Mine**	*(maïne)*	mien.
	Combine	*(kom'baïne)*	combiner.

ou quand cette lettre se trouve dans une syllabe accentuée.

Ex. :	**Tiger**	*(taïgueur)*	tigre.
	Rifler	*(raïfleur)*	voleur.

ou encore dans les mots ou l'*i* est suivi de *ld, nd.*

Ex. :	**Blind**	*(blain'de)*	aveugle.
	Mild	*(maïl'de)*	doux.

LETTRE O.

Cette lettre a quatre prononciations distinctes : *o, ô, ou* et *eu.*

1° La lettre *o* se prononce *o* ouvert comme dans le mot français *Nord :* dans la plupart des monosyllabes :

Ex. :	**Lord**	*(Lorde)*	Seigneur.
	Snort	*(snorte)*	ronfler.

Elle a aussi le son bref comme dans le mot français *botte.*

Ex. :	**Not**	*(notte)*	non.
	God	*(Gode)*	Dieu.
	Ox	*(oxe)*	bœuf.

Elle a aussi le son de l'*o* bref dans les mots anglais terminés par *st* et *th.*

Ex. :	**Most**	*(moste)*	très.
	Both	*(bos'-th)*	les deux.

Elle a aussi le son bref quand cette lettre est suivie de *r, re, rn :*

Ex. :	**Nor**	*(nor)*	ni.
	For	*(for)*	pour.
	Shore	*(chore)*	rivage.
	Born	*(borne)*	né.

La lettre *o* a aussi le son ouvert, bref et guttural comme dans le mot français *hors*; dans la plupart des mots terminés par *k, ck.*

Ex. :	**Block**	*(bloc)*	bloc.
	Knock	*(nock)*	coup.

2° La lettre *o* a le son de *ô* comme dans notre mot français *côte*.

Dans les mots anglais terminés par un *e* muet.

Ex. :	**Rope**	*(rópe)*	corde.
	Bone	*(bóne)*	os.
	Globe	*(glóbe)*	globe.

Et dans les mots terminés par *ld.*

Ex. :	**Told**	*(tólde)*	dit.
	Gold	*(gólde)*	or. (métal.)

3° La lettre *o* a le son de *ou* comme dans notre mot français *pouvoir*.

Dans certains monosyllabes comme ;

Ex. :	**To**	*(tou)*	à.
	Do	*(dou)*	faire.
	Who	*(hou)*	qui.
	Tomb	*(toume)*	tombe.

4° Cette lettre a quelquefois le son de *eu*, comme dans notre mot français *neuve*.

Ex. :	**Above**	*(abeuve)*	au dessus de.
	Dove	*(deuve)*	colombe.
	Glove	*(gleuve)*	gant.

LETTRE U.

La lettre *u* est considérée comme une diphtongue en anglais et se prononce *iou.*

Le son de notre *u* français n'existe pas en anglais.

Cette lettre a quatre prononciations distinctes : *ou* bref, *oû* long *eu* et *iou.*

1° La lettre *u* se prononce *ou* bref comme dans le mot français *boule.*

Ex. :	**Full**	*(foule)*	plein.
	Bull	*(boule)*	taureau.

2° Elle se prononce *oû* long comme dans notre mot français *roux.*

Ex. :	**Prude**	*(proûde)*	prude.
	Rule	*(roûle)*	règle.

Quelquefois cette lettre a le son de *w* qui équivaut au son de *ou* bref devant les voyelles *a, e, i.*

Ex. :	**Quarter**	*(kouarteur)*	le quart.
	Conquest	*(kon'koueste)*	conquête.
	Quick	*(kouik)*	vif.

3° La lettre *u* se prononce *eu* comme dans le mot français *neuf.*

Ex. :	**But**	*(beute)*	mais.
	Us	*(eusse)*	nous.

4° L'*u* se prononce *iou* dans les syllabes accentuées et quand elle précède une consonne suivie d'un *e* muet.

Ex. :	**Pupil**	*(pioupile)*	élève.
	Tub	*(tioube)*	tube.
	Cure	*(kioure)*	cure.

LETTRE Y.

La lettre *y* se prononce *ouaï* et a trois prononciations distinctes d'après la place qu'elle occupe dans le mot.

Ces prononciations sont *i* ou *é*, ou entre *i* et *é* et *aï*.

1° Cette lettre a le son de l'*i* quand elle est suivie d'une ou plusieurs consonnes :

Ex. :	**Syllable**	*(sillable)*	syllabe.
	System	*(sistemme)*	système.

Elle a aussi le son de l'*i* dans les mots :

Ex. :	**Sylph**	*(silfe)*	sylphe.
	Styx	*(stixe)*	styx.

2° Cette lettre a le son bref de notre *é* aigu, quelquefois de l'*i*, souvent un son vague entre *é* et *i*, quand elle se trouve à la fin d'un mot de plusieurs syllabes.

Ex. :	**Daily**	*(dailé'-ou-i)*	quotidien.
	Sufficiently	*(seuffichentlé)*	suffisamment.
	Beauty	*(biauté-i)*	beauté.
	Agreably	*(agriéblé)*	agréablement.

3° Elle a le son de la diphtongue *aï* dans certains monosyllabes et quand elle se trouve à la fin d'un mot de plusieurs syllabes dont la dernière est accentuée.

Ex. :	**Dry**	*(draî)*	sec.
	Try	*(traî)*	essayer.
	By	*(baî)*	par.
	Descry	*(diskraî)*	découvrir.
	Defy	*(difaî)*	défier.

EXERCICES DE LECTURE

SOUPER D'UN PAYSAN FRANÇAIS

N° 1 *.

The family consisted of an old gray-headed man and his wife, with five or six sons and sons-in-law and their several wives, and a joyous genealogy out of them. They were all sittingdown together to their lentil-soup; a large wheaten loaf was in the middle of the table, and a flagon of wine at each end of it promised joy through the stages of the repast : it was a feast of love. The old man rose up to meet me, and with a respectful cordiality would have me sit down at the table.

N° 2.

(Suite.)

My heart was set down the moment I entered the room, so I sat down at once like

* Voir la phrase développée à l'Introduction.

a son of the family; and to invest myself in the character as speedily as I could, I instantly borrowed the old man's knife, and taking up the loaf, cut myself a hearty luncheon; and as I did it, I saw a testimony in every eye, not only of an honest welcome, but of a welcome mixed with thantks that I had not seemed to doubt it. If the supper was to my taste, the grace which followed it was much more so. When supper was over, the old man gave a knock upon the table with the haft of his knife, to bid them prepare for the dance.

N° 3.

(Suite.)

The moment the signal was given, the women and girls ran all together into a back apartment to tie up their hair, and the young men to the door to wash their faces and change their sabots; and in three minutes every soul was ready, upon a little esplanade before the house, to begin.

The old man and his wife came out last, and placing me betwixt them, sat down upon a sofa of turf by the door. The old man had, some fifty years ago, been no mean performer upon the vielle; and at the age he was then of, touched it well enough for the purpose.

N° 4.

(Suite.)

His wife sang now, and then a little to the tune, then intermitted, and joined her old man again as their children and grandchildren danced before them. The old man, as soon as the dance ended, said that this was their constant way; and that all his life long he had made it a rule, after supper was over, to call out his family to dance and rejoice, believing, he said, that a cheerful and contented mind was best sort of thanks to heaven that an illiterate peasant could pay.

L. STERNE.

LE PERSAN AVARE

N° 5.

A merchant who had lately died at Hispahan, and left a large sum of money, was so great a niggard, that for many years he denied himself and his son, a young boy, every support, except a crust of coarse bread.

He was however one day tempted, by the description a friend gave of the flavour of cheese, to buy a small piece; but before he got home he began to reproach himself with extravagance, and instead of eating the cheese, he put it into a bottle, and contented himself, and obliged his child to do the same, with rubbing the crust against the bottle, enjoying the cheese in imagination.

N° 6.

(Suite.)

One day that he returned home later than usual, he found his son eating his crust, and rubbing it against the door. — " What are you about, you fool? " — was his exclamation. — " It is dinner-time, father; you have the key, so I could not open the door. I was rubbing my bread against it, because I could not get to the bottle. " — " Cannot you go without cheese one day, you luxurious little rascal? you'll never be rich." added the angry miser, as he kicked the poor boy for not being able to deny himself the ideal gratification.

J. Malcolm.

CHAPITRE II

DES DIPHTHONGUES

On appelle diphthongue une syllabe composée de deux sons différents et simultanés comme *ieu* dans notre mot français *lieu*.

Mais on appelle aussi diphthongue la réunion de deux ou plusieurs voyelles qui ne forment qu'un son unique ou simple comme *eau* dans *beau, œu* dans *vœu*.

Nous désignerons donc deux sortes de diphtongues; les diphthongues *auriculaires* et les diphthongues *oculaires*.

Il existe peu de diphthongues auriculaires en anglais. — Dans le mot *beautiful* — *beau*, (prononcez *biautifoule*) *eau* est une diphthongue auriculaire, nous y rencontrons deux sons très distincts : *i, ô*.

Ex. :	**Oil**	*(oi-il)*	huile.

Les diphthongues oculaires sont les plus nombreuses en anglais :

Ex. :	**Speak**	*(spîque)*	parler.
	Bread	*(bred)*	pain.
	Meat	*(mîte)*	viande.
	Meet	*(mîte)*	rencontré.

TABLEAU GÉNÉRAL DES DIPHTHONGUES

ET LEUR PRONONCIATION

AI.

Cette diphthongue est longue, elle a le son de *ê* comme dans notre mot français *tête*.

Ex. :	**Pail**	*(pêle)*	sceau.
	Snail	*(snêle)*	limaçon.
	Hail	*(hêle)*	grêle.

AY.

Cette diphthongue est brève, a le son aigu et a beaucoup de rapport avec le son de notre mot français *projet*.

Ex. :	**Day**	*(dè)*	jour.
	Pay	*(pè)*	payer.
	Say	*(sè)*	dire.

AU.

Cette diphthongue a deux prononciations *â* et *o*.

Remarque. — Il n'existe en anglais aucune règle qui puisse indiquer pourquoi tel mot, plutôt que tel autre, aura le son *â* plutôt que le son *o*. L'usage est le seul guide à cet égard. Il en est de même pour la plupart des voyelles et des consonnes; et voilà pourquoi la langue anglaise est si difficile.

1° Cette diphthongue a le son *â* comme dans notre mot français *pâte*.

Ex. :	**Fault**	*(fâlte)*	faute.
	Draugh	*(drâf)*	lavure.

2° Elle a le son *o* bref comme dans notre mot français *commode*.

Ex. :	**Laurel**	*(lorel)*	laurier.
	Saussage	*(socèdje)*	saucisse.
	Cauliflower	*(colifio-ou-eur)*	chou-fleur.

EA.

Cette diphthongue a trois prononciations, *î*, *è* et *é*.

1° Elle a le son aigu et se prononce *î* comme dans notre mot français *gîte*.

Ex. :	**Beam**	*(bîme)*	rayon.
	Meat	*(mîte)*	viande.

2° Elle a le son bref comme dans le mot français *nette*.

Ex. :	**Dead**	*(dèd)*	mort.
	Bread	*(brède)*	pain.
	Deaf	*(déff.)*	sourd.

3° Elle a le son *é*, et à cause du *w* dont elle est souvent précédée, sa prononciation ressemble à peu près à celle de la diphthongue *oué*.

Nota. — Notre langue n'a pas de son équivalent.

Ex.:	**Swear**	*(souère)*	jurer.
	Wear	*(ouère)*	porter

EAU.

Cette diphthongue auriculaire a le son *iau.*

Ex.:	**Beautiful**	*(biautifoule)*	beau.
	Beauty	*(biauti)*	beauté.

EE.

Cette diphthongue a le son de *î* français, comme dans le mot *gîte.*

Ex.:	**Bee**	*(bî)*	abeille.
	Been	*(bîne)*	été (verbe être).
	Speed	*(spîde)*	se hâter.

EI.

Cette diphthongue a trois sons distincts, *ê, î, é.*

1° Le son long se rapprochant de *ê* français.

Ex.:	**Veil**	*(vêle)*	voile.
	Vein	*(vêne)*	veine

2° Le son aigu comme notre *î* français.

Ex.:	**Ceiling**	*(cîlin'gue)*	plafond.
	Conceive	*(kon'cîve)*	concevoir.

3° Le son bref comme *é.*

Ex.:	**Weigt**	*(ouéte)*	poids.
	Neighbour	*(né-beur)*	voisin.

EO.

Cette diphthongue a deux prononciations, *i* et *djeun'* ou *djen*.

La première a le son aigu comme *i*.

Ex.:	**People**	*(pîp'*-eul*)*	peuple.
	Peony	*(pioni)*	pivoine.

La deuxième a un son bref (entre *djeun* et *djen*) elle est ordinairement finale.

Ex.:	**Pigeon**	*(pid'jeun)*	pigeon.
	Surgeon	*(seurd'jeun)*	chirurgien.

EU ET EW.

Ces deux diphthongues ont le même son à peu près et se prononcent *iou* généralement.

Ex.:	**Feud**	*(fioude)*	querelle.
	Dew	*(diou)*	rosée.
	New	*(niou)*	nouveau.

Remarque. — Il existe beaucoup d'exceptions.

EY.

Cette diphthongue a le son de notre *é*.

Ex.:	**Grey**	*(gré)*	gris.
	Valley	*(valé)*	vallée.

EYE.

Cette diphthongue a le son de *aï*.

Ex.:	**Eye**	*(aï)*	œil.
	Eyedrop	*(aïdrope)*	larme.

IE.

Cette diphthongue a quatre prononciations distinctes, *e, i, î* et *aï*.

1° La première se prononce comme l'*e* français.

Ex.:	**Friend**	*(frenn'd)*	ami.
	Friendly	*(frenn'dlé-ou-i)*	amical.

2° La deuxième se prononce comme *i*.

Ex.:	**Mischief**	*(mis'tchif)*	malheur.
	Priest	*(priste)*	prêtre.
	Handkerchief	*(han'kertchif)*	mouchoir.

3° La troisième comme *î*.

Ex.:	**Thieves**	(th. *sîvzes)*	voleurs.
	Grievous	*(grîveuce)*	grave.

4° La quatrième comme *aï*.

Ex.:	**Die**	*(daï)*	mourir.
	Tie	*(taï)*	lier.

OE.

Cette diphthongue a deux prononciations, *e* et *i*.

1° Suivie d'un *c* ou d'un *k*, elle se prononce *e*.

Ex.:	**Œconomics**	*(ekonomiks)*	économique.
	Œcuménical	*(ekioumėnical)*	écuménique.

2° Dans la plupart des autres cas elle se prononce *i*.

Ex.:	**Œilliad**	*(illiade)*	œillade.
	Œsophagus	*(izofageuce)*	œsophage.
	Phœnix	*(finixe)*	phœnix.

OO.

Cette diphthongue a trois prononciations distinctes : *ou*, *eu* et *ô*.

1° La première a le son *ou* français, comme dans *route*.

Ex.:	**Foot**	*(foute)*	pied.
	Good	*(goude)*	bon.
	Book	*(bouke)*	livre.

2° La deuxième a le son *eu* français, comme dans *feu*.

Ex.:	**Blood**	*(bleude)*	sang.
	Flood	*(fleude)*	flot.

3° La troisième a le son *ô* français, comme dans *côte*.

Ex.:	**Door**	*(dôre)*	porte.
	Floor	*(flôre)*	plancher.

OU.

La diphthongue *ou* a cinq prononciations distinctes : *aô*, *eu*, *ô*, *o* bref et *ou*.

1° La première a le son *aô*, quelquefois *aau*.

Ex.:	**Bound**	*(baon'de)*	lié
	Found	*(faon'de)*	trouvé.
	Bought	*(baaute)*	acheté *.

2° La deuxième a le son *eu*.

Ex.:	**Cousin**	*(keuzine)*	cousin.
	Double	*(deuble)*	double.
	Country	*(keuntri)*	pays.

3° La troisième a le son *ô*.

Ex.:	**Soul**	*(sôle)*	âme.
	Brought	*(brôrte)*	apporté.
	Mourn	*(môrne)*	deuil.

4° La quatrième a le son *o* bref, comme dans le mot français *fort*.

Ex.:	**Four**	*(for)*	quatre.
	Ought	*(aute)*	doit *

5° La cinquième se prononce *ou*, comme en français.

Ex.:	**Would**	*(oude)*	du verbe vouloir.
	Could	*(coude)*	id. pouvoir.
	Soup	*(soupe)*	soupe, potage.
	Wound	*(oun'de)*	blessure.

OW.

Cette diphthongue a deux prononciations : *aô* et *ô*.

* Remarque. — Le *gh* après *ou* ne se prononce pas.

1° La première a le son de *aô*.

Ex.:	**Now**	*(naô)*	maintenant.
	How	*(haô)*	comment.

2° La deuxième a le son de *ô*.

Ex.:	**Bestow**	*(bistô)*	donner.
	Flow	*(flô)*	couler.

UE.

La diphthongue *ue* a deux prononciations : *iou* et *oue*.

1° La première a le son *iou*.

Ex.:	**Cue**	*(kiou)*	réplique, rôle.
	Revenue	*(reveniou)*	revenu, rente.

2° La deuxième a le son de *oue*.

Ex.:	**True**	*(troue)*	vrai.
	Rue	*(roue)*	repentir.

Exception pour le mot guest; *g* guttural.

Ex.:	**Guest**	*(geste)*	hôte.

UI.

Cette diphthongue a le son de *oui*.

Ex.:	**Anguish**	*(an'gouiche)*	angoisse.
	Languish	*(lan'gouiche)*	languir.

L'*u* est quelquefois nul, comme dans le mot

Biscuit	*(biskette)*	biscuit.

UY.

Très souvent l'*u* est muet quand il se trouve avant le *g*. Il lui donne alors le son guttural que l'on trouve dans les mots :

Ex.:	**Guy**	*(Gaï)*	Guy.
	Guide	*(gaïde)*	guide.

EXERCICES DE LECTURE

N° 7

LE JUGEMENT DERNIER

When the mystery of God is finished, the last trumpet will sound. The voice of the son of God will pierce the caverns of the tomb; will be heard over the Kingdoms of the dead, will reanimate the ashes of thousands of generations, and sit an assembled world at the seat of judgment.

By the unalterable appointment of Heaven, every thing has its period. The cedar of Lebanon fades away like the leaf upon its top : Lebanon itself decays in the course of years. States and empires have their day, like mortal man.

Limits are set to time; and the world has its last hour.

N° 8.

(Suite.)

A few generations more having passed away, the day comes, which God hath appointed to judge the world; the great day for which all other days have revolved. When this period approaches, heaven opens wide its everlasting doors, and behold the judge comes forth! He comes in the glory of his Father; in the brightness of unveiled Divinity he comes, attended with all the host of heaven.—Before him the destroying Angel of nature descends; who lifting up his hand to heaven, swears, by him that liveth for ever and ever, that time shall be no more.

N° 9.

(Suite.)

As the doom of nature is denounced, the thunders of heaven for the last time utter their voices; the laws of nature are dissolved; the stars fall from the firmament; the moon is turned into blood, and that sun, whose beams you now behold, sinks in the darkness of eternal night.

The earth hears its last sentence, and shakes to the centre; the four corners of the world hear it; all that are alive hear it; all the dead hear it, and live. From the presence of their Creator, the heavens depart like a scroll rolling itself together; the earth vanishes, and there is no place found for it; every mountain and every island is fled.

N° 10.

(Suite.)

The great tribunal is erected; the books are opened, the judge descends; the world is assembled, the sentence is pronounced; the sentence is executed.

Down to the prison of darkness and despair, the habitation of unquenchable and everlasting fire, the wicked are driven, where, bound in chains, they feel the torment of the worm that never dies, and suffer in the flames of the lake whose smoke ascendeth up for ever and ever; while, enthroned in glory above, and adorned with the beauties of immortality, the righteous ascend with their Lord, and approaching to the fountain of life, partake of those pleasures at the right hand of God, which shall occupy and animate the praises of Eternity.

N° 11.

(Suite.)

If theese things, my brethren, vhich you have been now hearing, be true; if it be true that we shall be raised up at the last day, that the day of judgment shall as surely arise, as this morning arose in obedience to laws which can no more fail to bring it forth than the sun could this morning refuse to arise at the command of its Creator; if it be true that all of us, who here assembled, shall be assembled again around at the judgment—seat of God; if it be true that this is only our state of probation, and that life and death are now in our choice; that heaven and hell are now set before us, if these things be true,—and true they undoubtedly are—then, O my brethren, what manner of persons ought we to be!—Then, O my God, what manner of persons ought we to be!

Logan.

N° 12

L'ARBRE ET L'AVARE

A peasant to his Lord paid yearly court,
Presenting pippins of so rich a sort
That he, displeased to have a part alone,
Removed the tree, that all might be his own.
The tree, too old to travel, though before
So fruitful, witer'd and would yield no more.
The, squire, perceiving all his labour void,
Cursed his own pains, so foolishly employed.
And "Oh!" he cried, "that I had lived content
With tribute, small indeed, but kindly meant!
My avarice has expensive proved to me,
Has cost me both my pippins and my tree."

W. Cowper.

CHAPITRE III

DES CONSONNES

Lettre B.

La lettre *B* a le son français.

Ex.:	**Beaver**	*(bîveur)*	castor.
	Butcher	*(bout'cheur)*	boucher.

Elle est muette dans deux cas :

1° Quand dans la même syllabe cette lettre est suivie d'un *t*.

Ex.:	**Debt**	*(dette)*	dette.
	Doubt	*(daoute)*	doute.

2° Quand elle est précédée d'un *m*.

Ex.:	**Limb**	*(lime)*	membre.
	Climb	*(claîme)*	grimper.
	Tomb	*(toum')*	tombeau.

Lettre C.

La lettre *C* a le son français *c*, le son *sh* ou *ch* et est muette dans quelques mots.

1° Elle a le son français *c*.

Ex.:	**Carrot**	*(karott')*	carotte.
	Cabbage	*(kabédje)*	chou.

2° Elle se prononce *sh* ou *ch*.

Ex.:	**Ocean**	*(óshann)*	océan.
	Gracious	*(grécheuss)*	gracieux.

3° Cette lettre est muette dans certains mots.

Ex.:	**Muscle**	*(meuss'l)*	muscle.
	Czar	*(zar)*	czar.
	Arbuscle	*(arbeuss'l)*	arbuste.

Lettre CH.

Cette lettre a trois prononciations : *ch* et *k* français, et *tch*.

1° Elle a le son *ch*, comme en français, dans les mots venant de cette langue.

Ex.:	**Charlotte**	*(Charlotte)*	Charlotte.
	Charade	*(charade)*	charade.
	Chagrin	*(chagrîne)*	chagrin.

2° Elle a le son de *k* français.

Ex.:	**Christ**	*(Kraïste)*	Christ.
	Epoch	*(épock)*	époque.
	Anchor	*(an'kor)*	ancre.
	Distich	*(distick)*	distique.

3° Elle a le son de *tch*.

Ex.:	**Rich**	*(rîtche)*	riche.
	Church	*(tcheurtche)*	église.
	Charity	*(tcharité)*	charité.
	Child	*(tchaïlde)*	enfant.

Lettre D.

La lettre *D* a, en général, le son naturel français, le son du *t*, et est quelquefois muette.

1° Elle a le son naturel *d*.

Ex.:	**Day**	*(dè)*	jour.
	Dark	*(darque)*	obscur.

2° Elle a le son de *t* dans la terminaison du participe passé de quelques verbes.

Ex.:	**Fetched**	*(fet'chette)*	cherché.
	Asked	*(àskette)*	demandé.

3° Elle est muette dans quelques mots venant du saxon.

Ex.:	**Handkerchief**	*(han'keurtchif)*	mouchoir.
	Wednesday	*(ouénézdé)*	mercredi.
	Handsome	*(hann'some)*	joli.

Lettre F.

La lettre *F* a le son français, le son *v*, et quelquefois s'élide.

1° Elle a le son français.

Ex. :	**Forget**	*(forg'ette)*	oublier.
	Four	*(for)*	quatre.

2° Elle a le son *v* dans of *(ov)* de.

3° Elle s'élide dans halfpenny *(hépéné)* 5 centimes.

Lettre G.

La lettre *G* a trois sons différents : *gue, gne, dj,* et s'élide.

1° Elle a le son *gue* :

Ex. :	**Begin**	*(béguine)*	commencer.
	Give	*(guive)*	donner.

2° Elle a le son *gne* :

Ex. :	**Signal**	*(sigue-nal)*	signal *(sign'al.)*
	Assignation	*(assignécheune)*	assignation.

3° Elle a le son *dj* :

Ex. :	**Generous**	*(djénéreuss)*	généreux.
	Gin	*(djinn)*	genièvre.

4° Elle est muette :

Ex. :	**Gnash**	*(nache)*	grincer.
	Sign	*(saïne)*	signe.

Lettre GG.

La lettre *GG* a deux prononciations distinctes : *g* français comme dans notre mot *gardien* et le son *dj*.

1° Comme *g* français.

Ex. :	**Dagger**	*(dagueur)*	poignard.
	Foggy	*(fogué)*	brumeux.

2° Elle a le son *dj*.

Ex. :	**Exaggerate**	*(egzadje'réte)*	exagérer.
	Suggest	*(seudjeste)*	suggérer.

Lettre GH, GHT.

Cette lettre a le son de *f*.

Ex. :	**Enough**	*(ineuf)*	assez.
	Rouph	*(reuf)*	rude.

Cette lettre est muette dans deux cas :

1° Quand elle est à la fin d'une syllabe brève ou d'un monosyllabe.

Ex. :	**High**	*(ai)*	haut.
	Thigh	*(th-saï)*	cuisse.
	Haughty	*(aôté)*	grandeur.

2° Quand elle est suivie d'un *t*.

Ex. :	**Caught**	*(kaôte)*	pris.
	Night	*(naïte)*	nuit.

Lettre H.

L'anglais a comme le français deux sortes d'*h*, l'*h* muette et l'*h* aspirée.

1° L'*h* est muette dans une grande partie des mots anglais dérivés du français :

Ex. :	**Honour**	*(oneur)*	honneur.
	Humble	*(um'ble)*	humble.
	Honest	*(oneste)*	honnête.

2° Elle est généralement aspirée dans les mots saxons :

Ex. :	**Hair**	*(hère)*	cheveu.
	Hamm	*(hamm)*	jambon.
	Heart	*(hàrte)*	cœur.
	Hill	*(hile)*	colline.

3° Elle est muette immédiatement après *r* et souvent aussi dans le corps d'un mot.

Ex. :	**Rhine**	*(raîne)*	Rhin.
	Rhubarb	*(roubarbe)*	rhubarbe.
	Rhetor	*(réteur)*	rhéteur.

Lettre J.

La lettre *J.* n'a qu'une prononciation *dj*.

Ex. :	**Jump**	*(djeum'pe)*	saut.
	Joy	*(djoï)*	joie.
	Just	*(djeuste)*	juste.

Lettre K.

Cette lettre n'a que son son naturel et s'élide dans un seul cas.

1° Elle se prononce *k*.

Ex. :	**Keg**	*(kègue)*	petit baril.
	Kid	*(kide)*	chevreau.
	Key	*(ki)*	clef.

2° Elle ne se prononce pas quand elle est suivie de la lettre *n*.

Ex. :	**Know**	*(no)*	connaître.
	Knife	*(naife)*	couteau.
	Knot	*(notte)*	nœud.
	Knave	*(nève)*	coquin.

Lettre L.

La lettre *L* conserve sa prononciation naturelle.

Ex. :	**Life**	*(laïfe)*	vie.
	Light	*(laite)*	lumière.
	Lip	*(lip)*	lèvre.

Cette lettre est muette dans 3 cas différents.

1° Quand elle se trouve entre *a* et *k* ou entre *a* et *m*.

Ex. :	**Balk**	*(borke)*	poutre, entraves.
	Alms	*(am'z)*	aumônes.

2° Dans les expressions venant des verbes.

Ex. :	**Could**	*(coude)*	venant de pouvoir, — *pût.*
	Should	*(choude)*	id. devoir, — *dût.*
	Would	*(oude)*	id. vouloir, — *voulût.*

3° Elle est généralement muette devant *alf, alve, olk, etc.* dans la même syllabe.

Ex. :	**Calf**	*(cafe)*	veau.
	Halve	*(have)*	partager en deux.
	Yolk	*(yôk)*	jaune d'œuf.

Mais quand les lettres *lf* ou *lv* sont séparées, c'est-à-dire n'appartiennent pas à la même syllabe, la lettre *l* se prononce.

Ex. :	**Alfred**	*(Alfred)*	Alfred.
	Malversation	*(malveursécheune)*	malversation.

Lettre M.

La lettre *M* n'a rien de particulier, elle se prononce toujours, et comme en français.

Ex. :	**Memorial**	*(mimorial)*	mémorial.
	Member	*(mem'beur)*	membre.

Lettre N.

1° La lettre *n* se prononce comme en français quand elle est dans le corps d'un mot.

Ex. :	**Autumnal**	*(auteum'nal)*	d'automne.
	Prosternation	*(prosteurnécheune)*	prostration.
	Limner	*(lim'neur)*	peintre.

2° Cette même lettre est muette quand elle est précédée d'une *m* à la fin d'un mot et dans la même syllabe.

Ex. :	**Column**	*(kolom')*	colonne.
	Condemn	*(kon'dem)*	condamner.

Lettre P.

La lettre *P* se prononce comme en français.

Ex. :	**Patron**	*(pêtronne)*	patron.
	Polite	*(polaïte)*	poli.

Cettre lettre est muette dans plusieurs cas :

1° Au commencement d'un mot quand le *p* est suivi de *n*, *s*, *t*.

Ex. :	**Psalm**	*(sâme)*	psaume.
	Ptisan	*(tizanne)*	tisane.
	Pneumonics	*(neumoniks)*	pneumonique.

2° Quand cette lettre *p* se trouve entre *m* et *t* dans le corps d'un mot.

Ex. :	**Empty**	*(em'té)*	vide.
	Attempt	*(at'tem'te)*	tentative.

3° Cette lettre s'élide dans plusieurs autres mots que l'usage fera connaître, comme :

Ex. :	**Corps**	*(kor)*	corps.
	Cupboard	*(keubeurde)*	armoire, etc.

Lettre PH.

Cette lettre a trois sons différents et est muette dans quelques mots. Elle a le son *f*, *v* et *p*.

1° Elle a le son *f* plus ordinairement.

Ex. :	**Phantom**	*(fonn'teume)*	fantôme.
	Pharmacy	*(farmaci)*	pharmacie.

2° Elle a le son *v* dans quelques mots.

Ex. :	**Nephew**	*(néviou)*	neveu.
	Stephen	*(Stivenne)*	Etienne.

3° Elle a le son de *p* dans quelques mots saxons.

Ex. :	**Shepherd**	*(chépeurde)*	berger.
	Uphill	*(eu'phill)*	en montant.
	Uphold	*(eup'hólde)*	soutenir.

4° Cette lettre est muette dans quelques mots.

Ex. :	**Phtisis**	*(taïciss)*	phtisie.
	Phthisical	*(tizikal)*	phtisique.

Lettre Q et QU.

La lettre *q* a deux prononciations *k* et *qu* qui a le son de *kw* (prononcez *kou*).

1° Cette lettre se prononce *k*-

Ex. :	**Antique**	*(ann'tik)*	antique.
	Oblique	*(oblaïke)*	oblique.

2° Cette lettre a le son de *kou* dans les mots :

Ex. :	**Conquest**	*(kon'koueste)*	conquête.
	Queen	*(kouine)*	reine.
	Quail	*(kouéle)*	caille.

Lettre R.

1° La lettre *r* au commencement d'un mot se prononce comme en français :

Ex.:	**Rise**	*(raïze)*	se lever.
	Rope	*(rôpe)*	corde.

2° A la fin d'un mot et suivie d'une autre consonne, cette lettre prend un son *guttural :*

Ex.:	**Farm**	*(fârme)*	la ferme.
	Forke	*(forke)*	fourchette.

3° Cette même lettre finissant un mot et précédée d'une consonne prend aussi le son *guttural :*

Ex. :	**For**	*(fort)*	pour.
	Bar	*(barre)*	barre.
	Far	*(pharc)*	loin.

Lettre S, SS, SH, SCH.

La lettre *S* a six prononciations différentes, selon la place qu'elle occupe dans le mot.

Elles sont : *s, z, j, sh* ou *ch,* à volonté, *ch* et *sk.*

Cette lettre a le son dur *s* après les lettres *f, k, p, t.*

Ex. :	**Caps**	*(kap'ce)*	bonnets.
	Rats	*(rat'ce)*	rats.
	Drops	*(drop'ce)*	gouttes.

2° Elle a le son de *z* après certaines consonnes, comme *b, d, l, m,* etc.

Ex. :	**Beds**	*(bedze)*	lits.
	Ribs	*(ribze)*	côtes.
	Bells	*(belze)*	cloches.
	Pens	*(pen'ze)*	plumes.

3° Cette lettre a le son du *j* dans quelques mots terminés par *ure.*

Ex. :	**Pleasure**	*(pléjeure)*	plaisir.
	Measure	*(méjeure)*	mesure.

4° Elle a le son *sh* ou *ch* dans quelques mots venant du français :

Ex. :	**Pressure**	*(préshiour)*	pressure.
	Fissure	*(fichieure)*	fente, fissure.

5° Cette lettre a le son du *ch* français dans les mots Anglais commençant par *sh*, dans le mot *sugar*, le mot *sure* et tous ses dérivés.

Ex. :	**Sugar**	*(choug'eur)*	sucre.
	Sure	*(choure)*	sûr, certain.
	Shine	*(chaîne)*	briller.
	Shop	*(chope)*	magasin.
	Ship	*(chipe)*	navire.
	Shut	*(cheute)*	fermer.

6° Cette lettre a le son *sk* comme dans :

Ex. :	**School**	*(skoûle)*	école.
	Scheme	*(skîme)*	projet.

7° La lettre *s* est qulquefois muette dans le corps d'un mot.

Ex. :	**Isle**	*(aïle)*	île.
	Islander	*(aïlan'deur)*	insulaire.
	Aisle	*(éle)*	bas-côté.

LETTRE T.

La lettre *T* a 2 prononciations distinctes ; *ch* ou *sh* et *tch*, et est souvent muette.

1° La lettre *T* se prononce *ch* dans les mots terminés par *ial, ion, iou* et *l'i* qui se trouve après le *t* s'élide :

Ex. :	**Action**	*(akcheune)*	action.
	Partial	*(parcheule)*	partial.
	Captious	*(kapcheuss)*	captieux.

Mais dans les mots qui se terminent par une voyelle l'*i* se prononce après le *t*.

Ex. :	**Negotiate**	*(nigochiéte)*	négocier.
	Initiate	*(inichi'éte)*	initier.
	Partiality	*(parchialité)*	partialité.

2° Cette lettre se prononce *tch* devant un *u* ou précédée des lettres *s, x*, sans prononcer l'*i* après le *t*.

Ex. :	**Fortune**	*(for'tcheunne)*	fortune.
	Natural	*(na'tchoural)*	naturel.
	Future	*(fiou'tchioure)*	futur.
	Bestial	*(besti-y-ial)*	bestial.
	Mixtion	*(mixs'tcheunne)*	mélange.

3° La lettre *T* est muette dans bien des mots, particulièrement dans ceux terminés par *stle, sten, ften* et quand elle se trouve entre deux consonnes.

Ex. :	**Castle**	*(kas'le)*	château.
	Hasten	*(hes'en)*	hâter.
	Often	*(of'en)*	souvent.
	Chestnut	*(tches'neute)*	châtaigne.
	Bustling	*(beus'lin'gue)*	affairé.
	Waistcoat	*(oues'kôte)*	gilet.

Lettre TH.

La lettre *th* est de tout l'alphabet anglais celle qui présente le plus de difficultés à prononcer, elle n'a point d'équivalent dans notre langue.

Pour l'exprimer on se sert d'un son dur ou doux que l'on représente tant bien que mal par les lettres *s* ou *z* de notre langue.

Pour produire le son dur du *th*, il faut, en parlant avancer lestement le bout de la langue un peu en dehors de la bouche et l'appuyer sur les dents supérieures, faire un petit sifflement comme si l'on voulait prononcer *s* en retirant vivement la langue dans la bouche.

Pour obtenir le son doux du *th*, il faut faire le même mouvement de bouche, mais retirer la langue plus promptement et faire le sifflement beaucoup plus faible.

On n'arrivera à bien prononcer le *th* qu'après un long exercice, en parlant souvent avec des Anglais, ou un maître prononçant parfaitement la langue.

Le *th* a trois sons différents; le son dur *s*, le son doux *z*, et le son du *t* ordinaire.

1° Cette lettre a le son dur *s*.

Au milieu d'un mot quand elle est précédée ou suivie d'une consonne; au commencement ou à la fin d'un mot.

Ex. :	**Thank**	*(san'ke)*	merci.
	Health	*(helse)*	santé.
	Three	*(srie)*	trois.
Exception.	**Cathedral**	*(kasidral)*	cathédrale.

2° Elle conserve le même son dur dans les mots venant du grec ou du latin, quand elle se trouve entre deux syllabes.

Ex. :	**Apothecary**	*(aposikaré)*	pharmacien.
	Anathema	*(anasîma)*	anathème.
	Catharine	*(Kas'raine)*	Catherine.

3° Cette lettre a le son doux *z*, dans les monosyllabes, articles, pronoms, adverbes etc; et entre deux voyelles.

Ex. :	**The**	*(zi)*	le.
	Them	*(zemm)*	eux.
	Than	*(zann)*	que.
	Thus	*(zeus)*	ainsi.
	That	*(zatt)*	ce, celui là.
	Bathe	*(bèze)*	baigner.
	Father	*(fazeur)*	père.

4° Cette lettre conserve la prononciation du *t* français dans les mots venant du *grec* et dans les noms propres.

Ex. :	**Anthony**	*(ann'toni)*	Antoine.
	Esther	*(ess'terr)*	Esther.
	Thames	*(tèm'ze)*	La tamise.
	Thomas	*(Tomasse)*	Thomas.
	Thomson	*(tom'sonne)*	Thomson.
	Isthmus	*(ist'meuss)*	isthme.

Lettre V.

La lettre *V* n'a rien de particulier, elle se prononce comme *v* français :

Ex. :	**Value**	*(valiou)*	valeur.
	Vanish	*(vaniche)*	s'évanouir.
	Virtue	*(veurt'chiou)*	vertu.

Lettre W.

Cette lettre se prononce *ou* quand elle se trouve au commencement d'un mot.

Ex. :	**Will**	*(ouile)*	volonté.
	Wise	*(ouaïze)*	sage.
	Wall	*(ouale)*	muraille.
	Wine	*(ouaïne)*	vin.

Cette lettre est muette dans quatre cas différents.

1° Devant la consonne *r*.

Ex. :	**Write**	*(raïte)*	écrire.
	wreck	*(reck)*	naufrage.
	wrist	*(riss'te)*	poignet.

2° Devant la syllabe *ho*.

Ex. :	**Who**	*(ou)*	qui
	whole	*(ôle)*	tout.
	Whom	*(oume)*	que.

3° Dans le corps d'un mot.

Ex. :	**Answer**	*(ann'seur)*	réponse.
	Sword	*(sorde)*	épée.
	Two	*(toue)*	deux.

4° Dans la 2e syllabe de certains noms propres :

Ex. :	**Greenwich**	*(grine'itche)*
	Harwich	*(haritche)*
	Norwich	*(noritche)*
	Warwick	*(ouarick)*

Lettre X.

Cette lettre a deux prononciations.

1° La 1ère *exs, exz,* ou *egz* dans le corps d'un mot.

Ex. :	**Expense**	*(expenn'ce)*	dépense.
	Existence	*(egzistenn'ce)*	existence.
	Explanation	*(exsplanéchcunne)*	explication.

2° La 2e a le son de *z* quand elle se trouve au commencement de certains noms propres.

Ex. :	**Xerxes**	*(Zeurk'cès)*
	Xenophon	*(Zénophon)*
	Xantus	*(Zanteus)*

Lettre Z.

Cette lettre n'a rien de particulier ; elle se prononce comme en français.

Ex. :	**Zeal**	*(zîle)*	zèle.
	Zeugma	*(ziougma)*	ellipse.
	Zealous	*(zéleuce)*	avec zèle.

CHAPITRE IV

DES SYLLABES FINALES

1° Les syllabes *cre, stre, bre, tre* se prononcent *keur, steur, beur, teur.*

Ex. :	**Acre**	*(êkeur)*	acre.
	Lustre	*(leusteur)*	lustre.
	Sabre	*(sêbeur)*	sabre.
	Centre	*(cen'teur)*	centre.

2° Dans les syllabes terminées en *en* et *on* l'*e* et l'*o* s'élident avant l'*n*.

Ex. :	**Garden**	*(gârd'n)*	jardin.
	Open	*(ôp'n)*	ouvert.
	Cotton	*(cott'n)*	coton.
	Poison	*(poïs'n)*	poison.

Mais quand la syllabe *on* est précédée de *r, g, p, on* se prononce *eünne.*

Ex. :	**Baron**	*(bareunne)*	baron.
	Wagon	*(ouageunne)*	wagon.

3° Dans les mots terminés en *geon, gion,* la finale se prononce *djeunne.*

Ex.:	**Surgeon**	*(seurdjeunne)*	chirurgien.
	Dungeon	*(deundjeunne)*	donjon.
	Religion	*(relidjeunne)*	religion.

4° Dans les mots terminés en *gious*, *geous* la finale se prononce *djeuss*.

Ex.:	**Religious**	*(relidjeuss)*	religieux.
	Contagious	*(konn'tédjeuss)*	contagieux.
	Courageous	*(korédjeuss)*	courageux.

6° Dans les mots terminés par *age*. *ege*, la finale se prononce *edje*.

Ex.:	**Damage**	*(damedje)*	dommage.
	Passage	*(passedje)*	passage.
	Privilege	*(priviledje)*	privilège.

6° Dans les mots terminés en *er*, la finale se prononce *eur*.

Ex.:	**River**	*(riveur)*	rivière.
	Taper	*(tépeur)*	cierge.
	Larger	*(lardjeur)*	plus large.

7° Dans les mots terminés en *ion* et venant du français la finale se prononce *cheune*.

Ex.:	**Action**	*(akcheunne)*	action.
	Diction	*(dikcheunne)*	diction.
	Motion	*(mócheunne)*	mouvement
	Notion	*(nócheunne)*	notion.

8° Remarque. — Il est très difficile sans le secours d'un maître de prononcer convenablement les finales *ble, ple, tle*. La difficulté est presque aussi grande que pour le *th*, notre langue n'ayant aucun son exact qui puisse rendre la syllabe.

Pour donner à peu près ce son, il faut faire un trou dans la bouche en portant le bout de la langue au palais et chasser l'air en prononçant le son *eul*.

Ex. :	**Humble**	*(heumb'eul)*	humble.
	People	*(pîp'eul)*	peuple.
	Little	*(litt'eul)*	petit.

9° Dans les verbes anglais terminés à l'infinitif par *y*, la terminaison *ied* du participe passé se prononce *ed*.

Ex. :	**To carry, Carried**	*(karedde)*	porté.
	To bury, Buried	*(bĕredde)*	enseveli.

Cependant quelques verbes élident l'*e*.

Ex. :	**Dragged**	*(dragg'd)*	traîné.
	Scattered	*(scateur'd)*	éparpillé.

10° Le participe présent des verbes et tous les mots terminés en *ing*, se prononcent comme notre mot français *vigne*, suivi du son *g* guttural.

Ex. :	**Having**	*(having'gue)*	ayant.
	King	*(king'gue)*	roi.
	Moking	*(moking'gue)*	se moquant.

EXERCICES DE LECTURE.

N° 13

VISITE A L'ABBAYE DE WESTMINSTER

The last beams of day were now faintly streaming through the painted windows in the high vaults above me; the lower parts of the abbey were already wrapped in the obscurity of twilight.

The chapels and aisles grew darker and darker.

The effigies of the kings faded into shadows; the marble figures of the monuments assumed strange shapes in the uncertain light; the evening breeze crept through the aisles like the cold breath of the grave; and even the distant footfall of a verger, traversing the Poet's corner, had something strange and dreary in its sound. I slowly retraced my morning's walk, and as I passed out at the portal of the cloisters, the door, closing with a jarring noise behind me, filled the whole building with echoes.

I endeavoured to form some arrangement in my mind of the objects I had been contemplating, but found they were already falling into indistinctness and confusion.

N° 14.

(Suite.)

Names, inscriptions, trophies had all become confounded in my recollection, though I had scarcely taken my foot from off the threshold.

What, thought I, is this vast assemblage of sepulchres but a treasury of humiliation, a huge pile of reiterated homilies on the emptiness of renown, and the certainty of oblivion! It is, indeed, the empire of death; his great shadowy palace; where he sits, in state, mocking at the relics of human glory and spreading dust and forgetfulness on the monuments of princes. How idle a boast, after all, is the immortality of a name! Time is ever silently turning over his pages; we are too much engrossed by the story of the present, to think of the characters and anecdotes that gave interest to the past, and each age is a volume thrown aside to be speedily forgotten. The idol of to day pushes the hero of yesterday out of our recollection; and will in turn be supplanted by his successor of to morrow.

(Geoffrey Crayon.)
Washington Irving.

—x—

N° 15

—

POUVOIR DE LA MUSIQUE.

—

1°. — There is in souls a sympathy with sounds,
And as the mind is pitched the ear is pleased
With melting airs or martial, brisk or grave;
Some chord in unison with what we hear
Is touched within us, and the heart replies.
How soft the music of these village bells,
Falling at intervals upon the ear
In cadence sweet, now dying all away,
Now pealing loud again, and louder still.

—

2°. — Clear and sonorous, as the gale comes on!
With easy force it opens all the cells
Where memory slept. Wherever I have heard
A kindred melody, the scene recurs,
And with it all its pleasures and its pains.
Such comprehensive views the spirit takes,
That in a few short moments I retrace
(As in a map the voyager his course.)
The windings of my way through many years.

W. Cowper.

N° 16

HARMONIE CÉLESTE

1°. — The spacious firmament on high,
With all the blue ethereal sky,
And spangled heavens, a shining frame
Their great original proclaim :
Th'unwearied sun, from day to day,
Does his Creator's power display,
And publishes to ev'ry land
The work of an Almighty hand.

—

2°. — Soon as the evening shades prevail,
The moon takes up the wondrous tale,
And nightly, to the list'ning earth,
Repeats the story of her birth;

Whilst all the stars that round her burn,
And all the planets in their turn,
Confirm the tidings as they roll,
And spread the truth from pole to pole.

—

3°. — What though, in solemn silence, all
Move round this dark terrestrial ball?
What tho' no real voice nor sound
Amid their radiant orbs to found?
In reason's ear the all rejoice.
And utter forth a glorious voice;
For ever singing as they shine
"The hand that made us is divine."

I. ADDISON.

N° 17

—

LA VIE ET LA MORT

1°. — What art—thou, life?
A weary strife
Of pain, care and sorrow:
Long hours of grief
And joys—how brief?
That vanish the morrow.

—

2°. — Death, what art thou,
To whom all bow
From sceptred king to slave?
The last, best friend
Our cares to end,
Thy empire is the grave.

—

3°. — When all have fled,
Thou giv'st a bed
Wherein we calmly sleep;
The wounds all heal'd,
The dim eyes seal'd
That long did wake and weep.

Lady BLESSINGTON.

N° 18

—

PRIÈRE DU SOIR

1°. — Blessed be thy name for ever,
Thou of life the guard and giver!
Thou canst guard thy creatures sleeping,
Heal the heart long broke with weeping.
God of stillness and of motion,
Of the desert and the ocean,
Of the mountain, rock, and river,
Blessed be thy name for ever!

—

2°. — Thou who slumberest not, nor sleepest,
Blest are they thou kindly keepest;
God of evening's parting ray,
Of midnight's gloom, and dawning day,
That rises from the azure sea,
Like breathings of eternity;
God of life, that fade shall never,
Blessed be thy name for ever!

HOGG.

CHAPITRE V

EXERCICES DE CONVERSATION

Remarque. — Les quelques exercices de conversation qui finissent ce traité contiennent certaines expressions idiomatiques appartenant essentiellement à la langue anglaise.

L'étudiant ne sera donc point surpris d'y trouver des mots anglais qui ne se traduisent pas par le mot français du texte; comme dans ces phrases :

Taisez-vous. — *Chut-up.*

Bonjour. — *Good bye.*

Faisons la course. — *Let us get a race.*

Venez vous promener. — *Come and take a walk.*

Sans doute. — *Of course.*

Peu importe. — *Never mind,* etc., etc.

Il serait bon d'apprendre par cœur ces sortes d'expressions et de les employer au besoin dans les conversations.

N° 1

SALUT

1. — Bonjour Monsieur, comment vous portez-vous?
2. — Très bien, merci, et vous?
3. — Je suis malade ce matin.
4. — Comment va votre frère? — Il se porte bien.
5. — Votre mère est-elle encore malade?
6. — Non, elle est beaucoup mieux.
7. — Elle se promène tous les jours dans le jardin avec mon père.
8. — Vos élèves sont-ils en classe?
9. — Je vous souhaite la bonne année. Heureux Noël.
10. — Bonsoir, mon ami. Bonne nuit, ma tante.

11. — Je ne fais pas attention à vos saluts; vous ne me donnez jamais rien; j'aime mieux ma tante; elle me donne des cerises; oh! j'aime beaucoup les fraises aussi.
12. — J'aurai le plaisir de vous voir lundi ou mardi de la semaine prochaine.
13. — Je vois aussi avec plaisir que vous avez fait beaucoup de progrès en anglais.

N° 1

SALUTATION

1. — Good day, sir, how do you do?

2. — Very well, thank you, and you?
3. — I am ill (sick) this morning.
4. — How is your brother? He is well.

5. — Is yet your mother ill?
6. — No, she is much better.
7. — She walks every day in the garden, with my father.
8. — Are your pupils in class?
9. — I wish you a good year. Merry Christmas.
10. — Good evening, my friend. Good night my aunt.
11. — I do not pay attention to your salutation, you never give me any thing; I love my aunt better, she gives me cherries. Oh! I like much strawberries also.
12. — I shall have the pleasure of seeing you next week on monday or tuesday.
13. — I see also with pleasure you have much improved in the english language.

N° 2

LES ÉLÈVES EN CLASSE

1. — Récitez votre leçon, mon enfant. — Taisez-vous.
2. — Soyez attentif. — Vous êtes un petit paresseux.
3. — Pourquoi n'apprenez-vous pas mieux vos leçons?
4. — Votre devoir est mal fait; il est plein de fautes.
5. — Corrigez donc ces fautes; donnez votre cahier.
6. — Il est plein de taches, attention à l'encrier.
7. — Vous répandez l'encre sur la table. Ecoutez...
8. — Je vais vous raconter une histoire.
9. — Vos livres sont déchirés. — Votre porte-plume est brisé.
10. — Coupez ce papier avec votre canif.
11. — J'ai perdu ma grammaire. — Allez au tableau.
12. — Ecrivez. — Vous serez puni.
13. — Les écoles ont repris leurs cours au mois de novembre.

N° 2

PUPILS IN CLASS

1. — Say your lesson, my child. Shut-up.

2. — Be attentive. You are a little lazy. (Iddle.)
3. — Why do you not learn better your lessons?
4. — Your exercice is badly made; it is full of mistakes.
5. — Then, correct your mistakes; give your copy-book.
6. — It is full of blots; pay attention to the inkstand.
7. — You are spending ink on the table. Listen.
8. — I will tell you a tale.
9. — Your books are torn. — Your pen-holder is broken.
10. — Cut this paper with your penknife.
11. — I loose my grammar. — Go to the blackboard.
12. — Write. — You shall be punished.
13. — The schools resumed their classes in the month of november.

14. — Aux examens cet enfant ne répond jamais rien.
15. — Les amis de collège et de pension se revoient toujours avec plaisir.
16. — Soyez sages, mes enfants, soyez obéissants à vos parents et Dieu vous bénira.

N° 3

RÉCRÉATION

1. — Voulez-vous jouer? — Non.
2. — Je préfère me promener.
3. — Je suis fatigué. — Promenons-nous.
4. — Voulez-vous jouer au cricket? — Oui.
5. — Avez-vous des cannettes?
6. — Jouons au triangle. — Moi, je saute à la corde.
7. — Vous courez trop vite. La balle est trop dure.
8. — Voyez mon beau ballon, je vais l'envoyer.
9. — Je joue avec un grand cerf-volant dans le jardin du maître d'école, le jeudi pendant la récréation.
10. — Aimez-vous le billard? — Je préfère les cartes.
11. — La partie est perdue.

14. — This child never answers anything at the examinations.
15. — College and school friends are always pleased to see one another again.
16. — Be wise, my children, be obedient to your parents, and God will bless you.

N° 3

RECREATION

1. — Will you play? No.
2. — I do prefer walking. (A walk.)
3. — I am tired. Let us walk.
4. — Will you play cricket? Yes.
5. — Have you marbles?
6. — Let us play triangle. For me, I jump with a string.
7. — You run too quick. The ball is very hard.
8. — Look my beautifull balloon, I shall sent it off.
9. — I play with a large kite in the garden of the school-master on thursday during the recreation.
10. — Do you like billiard? I do prefer cards.
11. — Party is lost.

12. — C'est mon frère qui a gagné.
13. — Faisons la course au vélocipède, j'y suis très habile.
14. — La promenade est finie, le jeu aussi, reposons-nous et buvons notre thé.
15. — Que ferons-nous maintenant pour passer le temps?
16. — Voulez-vous faire une partie de piquet?
17. — Vous me flattez, je ne joue pas si bien que vous croyez.

N° 4

RÉFECTOIRE

1. — Je n'aime pas la soupe.
2. — J'aimerais mieux un beefteak.
3. — Mon père mange du mouton.
4. — Les tables sont trop longues.
5. — Nous sommes vingt de chaque côté.
6. — Prenez donc votre assiette.
7. — Passez le plat aux derniers.
8. — Les premiers prennent tous les bons morceaux.
9. — Donnez-moi du veau et de la sauce.
10. — Mon couvert est dans le tiroir.
11. — Mon verre est brisé, je ne puis boire.

12. — It is my brother who gained.
13. — Let us get a race to velocipede, I am very clever on it.
14. — Walk is ending, so is the game, let us have a little rest, and drink our tea.
15. — What shall we do to spend the time now?
16. — Will you have a game at picquet?
17. — You flatter me, I don't play so well as you think.

N° 4

REFECTORY.

1. — I do not like soup.
2. — I should like better a beefsteak.
3. — My father eats mutton.
4. — Tables are too long.
5. — We are twenty on each side.
6. — "Then" take your plate.
7. — Pass the dish to the last ones.
8. — First ones take the best pieces. (slices.)

9. — Give me some veal and gravy.
10. — My spoon and fork are in the drawer.
11. — My glass is broken, I cannot drink.

12. — Le cidre est trop froid, j'aime mieux un verre de vin.
13. — La bière est rafraîchissante en été.
14. — Donnez-moi du pain et du gâteau.
15. — Mon couteau ne coupe pas.
16. — Il n'y a du dessert que le jeudi et le dimanche.
17. — Prenez une tranche de jambon.
18. — Buvons une tasse de thé et nous reviendrons pour le souper.
19. — Alors vous ne refuserez pas un biscuit ou quelques petits gâteaux.

N° 5

DORTOIR

1. — Il est temps d'aller se coucher.
2. — J'ai sommeil, montons.
3. — Le dortoir est très chaud.
4. — Je dors pendant toute la nuit.
5. — Nous nous couchons à huit heures et nous nous levons à cinq.
6. — Vous dormez trop longtemps.
7. — Neuf heures de sommeil, c'est assez.
8. — Il y a quarante lits dans mon dortoir et deux maîtres.

12. — Cider is too cold, I do prefer a glass of wine.
13. — Beer is very refreshing in summer.
14. — Give me some bread and cake.
15. — My knife does not cut.
16. — We have desert only thursday and sunday.
17. — Take a slice of ham,
18. — Let us drink a cup of tea, and we shall come back again for supper.
19. — Then you won't refuse a biscuit or some small cakes.

N° 5

DORMITORY

1. — It is time to go to bed.
2. — I am sleepy, let us go. (get up.)
3. — Dormitory is very warm.
4. — I sleep all the night.
5. — We go to bed at eight o'clock, and we (get up) rise at five.
6. — You sleep too long. (time.)
7. — Nine hours of sleep, it is too much.
8. — There are forty beds in my dormitory, and two masters.

9. — Mon matelas est trop étroit.
10. — L'oreiller est très doux.
11. — Je n'ai pas assez de couvertures.
12. — J'ai brisé mon pot à eau et ma cuvette.
13. — Je brosse mes habits. — Mon peigne est trop petit.
14. — Changez-le pour un plus grand.
15. — J'ai une belle table de nuit en acajou.

16. — La cloche sonne, levons-nous, descendons vite à la chapelle faire nos prières.
17. — Puis nous irons demander à nos parents la permission de faire une promenade à la campagne.

N° 6

—

UN ÉVÈNEMENT

1. — Tu ne sais pas, Henry, il y a deux professeurs de changés. — Vraiment?
2. — Oui, je le sais, Jean me l'a dit ce matin.

3. — Qui est donc changé?
4. — Le professeur de la 3me classe et le maître d'anglais des grands.
5. — Tu sais celui qui a une grande barbe grise et des lunettes.

9. — My mattress is too narrow.
10. — The pillow is very soft.
11. — I have not (got) enough blankets.
12. — I broke my jug and basin.
13. — I brush my coats. — My comb is too small.
14. — Change it for a larger. (one.)
15. — I have (got) a beautifull somno in mahogany.
16. — The bell ring, get up, let us go down quickly to the chapell, to say our prayers.
17. — And after we shall ask to our parents the permission to take a walk in the country.

N° 6

—

EVENT

1. — You do'nt know, Harry, there are two masters changed. — Really?
2. — Yes, I know it, John told me this morning.
3. — Who is changed?
4. — The master of the third class, and the English master of the big boys.
5. — You know, that one who has a long grey-beard and spectacles.

6. — Je sais, moi, c'est le vieux qui prend du tabac, il a toujours une canne.
7. — Tant mieux, nous aurons une ou deux promenades avec les nouveaux.
8. — Ça nous fera au moins un jour pour lire des livres d'histoires à l'étude.
9. — Oui, mais je n'aime pas les changements.
10. — Mon père m'a dit qu'il m'enverrait en Angleterre, c'est à Londres que j'irai.

11. — Il fera fort bien, c'est le meilleur moyen pour apprendre l'Anglais à fond.
12. — Oui, je partirai au commencement de mars.

N° 7

—

L'HEURE

1. — Quelle heure est-il?
2. — Il est deux heures vingt minutes.
3. — A quelle heure partirez-vous?
4. — Vers cinq heures moins un quart.
5. — Travaillez-vous longtemps le soir?
6. — Deux heures et demie.
7. — La cloche sonne à trois heures cinq minutes.

6. — Yes, I know, it is the old who takes snuff, he has (got) always a stick.
7. — So much the better, we shall have one or two holidays with the new ones.
8. — At least, we shall have one day for reading tales in study.
9. — Yes, but I do not like changing.
10. — My father told me he would send me to England, it is to London that I will go.
11. — He will do very well, it is the best means to learn English thoroughly.
12. — Yes, I shall set out at the beginning of March.

N° 7

THE TIME

1. — What time is it? (O'clock.)
2. — It is twenty minutes past two.
3. — At what time did you start!
4. — About quarter to five.
5. — Do you work a long time in the evening.
6. — Two hours and half.
7. — Bell rings at five minutes past three.

8. — La classe finit à quatre heures juste.
9. — L'étude à cinq heures moins vingt.
10. — Il est midi, une heure et demie.
11. — Il est minuit, deux heures du matin.

12. — Une demi-heure pour déjeuner.
13. — Trois quarts d'heures pour dîner.
14. — Votre montre avance, retarde.
15. — Dix minutes en retard, vingt minutes en avant.
16. — Dites moi l'heure juste; encore cinq minutes et nous partons.
17. — Nous faisons nos prières le soir à huit heures moins vingt et nous allons nous coucher.
18. — Puis nous dormons jusqu'à cinq heures et demie du matin.

N° 8

UN REPAS

1. — Monsieur, voulez-vous accepter cette tranche de jambon?
2. — Très volontiers, je le trouve excellent.
3. — Buvez donc un verre de ce vieux vin.
4. — Merci, je prendrai un verre de bière.

8. — Class finished just at four.
9. — Study at twenty minutes to five.
10. — It is twelve. Half past one.
11. — It is midnight. Two o'clock in the morning.
12. — Half an hour for breakfast.
13. — Three quarters for dinner.
14. — Your watch is too fast; too slow.
15. — Ten minutes too late, twenty minutes too fast.
16. — Tell me the right time; five minutes more and we start.
17. — We make our prayers in the evening at twenty minutes to eight, and we go to bed.

18. — And after we sleep till half past five in the morning.

N° 8

A MEAL

1. — Sir, will you accept this slice of ham?

2. — Willingly, it is very good.
3. — Please, drink a glass of this old wine.
4. — Thank you, I will take a glass of beer.

5. — Nous avons toujours de très bons gigots de mouton.
6. — Le boucher nous a envoyé hier une tranche de veau qui nous a fait un succulent rôti.
7. — Aimez-vous le pouding?
8. Beaucoup, surtout le pouding aux prunes.

9. — Je vous enverrai un morceau de gâteau.
10. — Donnez-moi du pain et du beurre.
11. — Voulez-vous du potage?
12. — Voulez-vous un peu de ce rôti de bœuf?
13. — Que voulez-vous boire?
14. — Je voudrais boire un verre de Porter.
15. — Je vous invite à prendre le thé avec moi ce soir à quatre heures et demie, ensuite nous irons ensemble à l'église.

16. — Nous reviendrons aussi ensemble pour le souper, mais ne faites aucun apprêt pour moi.

N° 9

LE PRINTEMPS

1. — Venez vous promener dans le jardin, l'hiver est passé, nous sommes dans le printemps depuis huit jours.

5. — We have always very nice legs of mutton.
6. — Butcher has sent us yesterday a slice of veal which has made a succulent rost.
7. — Do you like pudding?
8. — Yes, very much, specially the plum-pudding.
9. — I will sent you a piece of cake.
10. — Give me some bread and butter.
11. — Will you take some soup?
12. — Will you have a slice of this roast-beef.
13. — What will you take to drink?
14. — I should like a glass of Porter.
15. — I invite you (give invitation) to take tea with me this afternoon at half past four, then we shall go together to the church.
16. — We shall come back also together for supper, but do not make any preparation for me.

N° 9

SPRING

1. — Come and take a walk in the garden, winter is passed, now we are in spring since a week.

2. — Bientôt nous aurons des fleurs et nous pourrons orner la cheminée de deux beaux bouquets.
3. — Le soleil est plus chaud, les jours plus longs.
4. — La neige a disparu, il nous reste seulement le perce-neige, petite fleur qui croît avec la violette.
5. Le jardinier prépare la terre, il va bientôt lui confier la semence.
6. — Les feuilles des arbres nous garantiront bientôt des rayons brûlants du soleil.
7. — Dans quel mois sommes-nous?
8. — Au mois de mars; c'est le mois des giboulées.
9. Quelques mois encore et nous serons en été.
10. — Croyez-vous qu'il fasse beau temps?
11. — Je ne crois pas qu'il pleuve.
12. — Tous les arbres sont blancs de fleurs.
13. — Je crains que nous n'ayons un été bien chaud.

N° 10

L'ÉTÉ

1. — Votre parterre est plein de fleurs.
2. — Vous avez des roses en quantité.

2. — Soon we shall have flowers, and adorn the mantle piece with two beautifull nose-gays.
3. — Sun is warmer. Days are longer.
4. — Snow disappeared, only remains snow-drop, small white flower which grows with violet.
5. — Gardener prepare the ground, and soon will commit the seed to it.
6. — Trees' leaves soon will protect us from burning rays of the sun.
7. — In what month are we?
8. — In march : it is the month of showers.

9. — Few month more, and we shall be in summer. (Time.)
10. — Do you think it will be fine. (weather.)
11. — I do not think it will rain.
12. — All the trees are white with bloom.
13. — I fear we shall have a very hot summer.

N° 10

—

SUMMER

—×—

1. — Your parterre is full of flowers.
2. — You have plenty roses.

3. — Et une belle collection de tulipes : jaunes, rouges, blanches.
4. — La primerose est fleurie et la pâquerette aussi.
5. — C'est l'été avec ses beaux jours et ses fraîches nuits, avec ses nids et ses petits oiseaux.
6. — Voyez quel beau champ de blé, comme il est vert.
7. — Le trèfle pousse bien dans ce champ.
8. — Les pommiers et les poiriers sont en fleurs.
9. — Nous aurons des prunes et des cerises en quantité.
10. — La récolte sera abondante cette année.

11. — N'est-ce pas agréable de parcourir la campagne par une si fraîche matinée, le rossignol et la fauvette font leurs nids, et bientôt ils auront des œufs et des petits.
12. — Comment avez-vous trouvé la promenade ce soir?
13. — Vraiment délicieuse, mon ami.
14. — Il n'est pas étonnant qu'il fasse si chaud, nous sommes dans la canicule.

3\. — And a beautifull collection of tulips, yellow, red, white.

4\. — Primerose is blossomed, daisies also.

5\. — It is summer with its nice days and fresh nights, with its nests and little birds.

6\. — Look, what a beautifull field of corn, so green, is it not?

7\. — Club grows nicely in that meadow.

8\. — Apple-trees and pear-trees are blooming.

9\. — We shall have plenty plums and cherries.

10\. — The harvest, shall be plentiful this year.

11\. — Is it not agreable to run over the country by a so fresh morn, nightingales and warblers built their nests, and soon will have eggs and little ones

12\. — How did you like your walk to night?

13\. — Delightful indeed, my friend.

14\. — No wonder it is so warm, we are in the dog-days.

N° 11

L'AUTOMNE

1. — L'automne est la saison des fruits.
2. — Avez-vous beaucoup de fruits dans votre jardin ?
3. — Pas beaucoup cette année.
4. — Mon cousin a eu beaucoup de pêches et d'abricots.
5. — Voici la saison de faire des confitures pour l'hiver.
6. — Connaissez-vous le pâtissier de mon oncle ?
7. — Cet homme fait des conserves de prunes, de cerises, de pommes, de toutes espèces de fruits.
8. — Les moissons ont été excellentes cette année.
9. — Les champs étaient pleins de blé, de panais, de navets, de carottes, de toutes sortes de légumes.
10. — Nous aurons une bonne récolte de pommes, de raisin ; nous aurons du cidre et du vin pour plusieurs années.
11. — Il fait déjà froid le soir et le matin, bientôt nous serons en hiver.
12. — Je crains que nous n'ayons un hiver bien froid.
13. — Nous n'aurons plus que quelques beaux jours par-ci par-là.

N° 11

AUTUMN

1. — Autumn is the season for fruits.
2. — Have you many fruits in your garden?

3. — Not much this year.
4. — My cousin has had many peaches and apricots.
5. — There is the season to make preserves for winter.
6. — Do you know the confectionner of my uncle?
7. — This man makes preserves with plums, cherries, apples, with all kind of fruits.
8. — Crops have been exellent this year.
9. — Fields were full of corn, pasnips, turnips, carottes, all kind of vegetables.

10. — Whe shall have a plentifull crop this year, with apples, grapes, we shall have cider and wine for many years.
11. — It is already cold morning and evening, soon we shall have winter.
12. — I fear we shall have a very cold winter.
13. — We shall only have a few fine days now and then.

14. — Les feuilles commencent à tomber et les matinées sont froides.

N° 12

—

L'HIVER

1. — Le temps est très froid, c'est l'hiver.
2. — Bientôt il neigera, le mois de novembre a été très humide.
3. — La gelée est très forte ce matin.
4. — Les enfants s'amusent ordinairement à faire des boules de neige.
5. — La glace a trois pouces d'épaisseur.
6. — Nous pouvons aller patiner, glisser, nous réchauffer.
7. — C'est Noël et ses frimas, ses glaces.
8. — Fermez vite la porte et allumez le poêle.
9. — Prenez vos bas de laine, votre tricot et vos chaussons.
10. — Achetez des gants, c'est la saison de s'en servir.
11. — En décembre, les jours sont très courts et les nuits plus longues qu'au mois de Juin.
12. — Vous aurez un beau présent le jour de Noël, si vous êtes sages.

14. — The leaves beging to fall, and mornings to be cold.

N° 12

—

WINTER

1. — The weather is very cold, it is winter.
2. — Soon it will snow, november month has been very wet. (Very demp.)
3. — Frost is very hard this morning.
4. — Generally children plays with snow-balls.

5. — Ice is three inches thick.
6. — We may go and skating, sliding and warm ourselves.
7. — Christmas with its hoar-frost and ices.
8. — Chut the door quickly and lit the stove.
9. — Take your woollen stokings, waist-coat and list-shoe.
10. — Buy gloves, 'tis the season to use of it.

11. — In december, days are very short and nights longer than in month of june.
12. — You will have a nice present at Christmas, if you are wise.

13. — Je vous souhaite la bonne année.

14. — J'irais volontiers vous voir, mais les jours sont si courts et le temps si insupportable que l'on n'est bien qu'au coin du feu.

———×———

13. — I wish you happy new year.

14. — I should go willingly to see you, but the days are so short, and the cold so insupportable, that one is not comfortable but by the fire side,

CHANT NATIONAL

1° God save our gracious Queen,
God save our noble Queen,
God save the Queen!
Send her victorious,
Happy and glorious
Long to reign over us,
God save the Queen!

2° O Lord, our God, arise,
Scatter her enemies,
And make them fall!
Confound their politics,
Frustrate their knavish tricks,
On her our hopes we fix,
God save us all!

3° Thy choicest gifts in store,
On her be pleased to pour,
Long may she reign;
May she defend our laws,
And ever give us cause
With heart and voice to sing,
God save the Queen!

4° O grant her long to see
Friendship and amity
Always increase!
May she her sceptre sway,
All loyal souls obey,
Join heart and voice: Huzza!
God save the Queen!

Bertho Wilon

TABLE DES MATIÈRES

www.ingramcontent.com/pod-product-compliance
Ingram Content Group UK Ltd.
Pitfield, Milton Keynes, MK11 3LW, UK
UKHW021112200726
13857UKWH00003B/1194

9 782013 042918